DÉCISION

Relative à la prise du Navire le Caninholm.

Du 29 Fructidor an 8.

AU NOM DE LA RÉPUBLIQUE FRANÇAISE,
UNE ET INDIVISIBLE.

LE CONSEIL DES PRISES, établi par l'arrêté des Consuls du 6 germinal an 8, en vertu de la loi du 26 ventôse précédent, a rendu la décision suivante :

Entre *John Alcock,* capitaine du navire nommé le *Caninholm,* sous pavillon danois, faisant pour les propriétaires dudit navire et de la cargaison, d'une part ;

Et les C.ᵉⁿˢ *Raimond Bonnet* et compagnie, armateurs du corsaire *le Scipion français,* de Bordeaux, ensemble les capitaine, équipage et intéressés dudit corsaire, d'autre part ;

Vu la lettre de jauge délivrée au navire *le Caninholm* par la chambre des finances et des douanes de Copenhague le 10 octobre 1797, portant que ce navire, mesurant 274 lasts de commerce, et commandé par le capitaine *John Alcock,* appartient, suivant relation, à MM. *Duntzfeld* et compagnie, de ladite ville ;

Vu l'acte passé à Copenhague le 10 octobre 1797, par lequel *Deconnink* et compagnie, bourgeois et négocians de ladite ville, déclarent avoir vendu et cédé à *Duntzfeld* et compagnie ledit navire *le Caninholm,* pour la somme de soixante mille rix-dalers courans danois ;

A

Vu le laissez-passer, vulgairement passe-port turc, délivré le 17 octobre 1797 par le conseil royal d'économie et de commerce, au navire *le Caninholm*, destiné pour les Indes;

Vu un passe-port en langue française, pour *John Alcock*, capitaine du navire *le Caninholm*, allant aux Indes orientales, daté de Copenhague le 21 novembre 1797, signé *de par le roi*, *C. Bernsdorff*;

Vu le passe-port royal danois, en langue latine, daté au château de Dansborg le 13 août 1798, non signé par le roi, contre-signé *P. Anker*, *Lischtenstein* et *Muhldorf*, *ad mandatum*, expédié en faveur du navire *le Caninholm*, destiné par les armateurs, du port de Trenquebar pour la Chine, et de là pour le Texel, sous le commandement de *John Alcock*;

Vu la liste arrêtée à Copenhague par l'alderman *Jens Klüm*, le 14 novembre 1797, contenant les noms, lieux de naissance et emplois des marins composant l'équipage du *Caninholm*, lesquels, inscrits au nombre de soixante-trois, sont tous qualifiés originaires des États danois, de l'Espagne ou de l'Amérique, étant dit pour le capitaine *John Alcock*, qu'il est né en Angleterre, et naturalisé par acceptation de bourgeoisie à Copenhague;

Vu l'acte d'engagement dudit équipage, daté de Copenhague le 14 novembre 1797, et passé en présence dudit *Jens Klüm*;

Vu la lettre de bourgeoisie accordée à *John Alcock*, natif de Harwick en Angleterre, par les président, bourguemestre et échevins de Copenhague, datée à l'hôtel-de-ville le 26 octobre 1795;

Vu un certificat d'enrôlement dans la marine royale, pour le capitaine *John Alcock*, daté de Copenhague le 29 octobre 1795, signé *Schultz*;

Vu un certificat du bureau des classes à Copenhague, du 24 octobre 1795, relatif à l'examen qu'il a subi pour obtenir d'être enrôlé comme dessus;

Vu les expéditions de sortie prises par le capitaine *Alcock* au bureau des douanes de Copenhague les 15 et 17 novembre 1797, contenant l'énumération des diverses marchandises dont était chargé *le Caninholm,* pour Trenquebar et Fredericknagor dans les Indes ;

Vu les instructions remises à Copenhague, le 31 octobre 1797, au capitaine *Alcock,* par *Duntzfeld* et compagnie, propriétaires et expéditeurs du *Caninholm,* dans lesquelles il est ordonné audit capitaine, *après avoir vendu sa cargaison dans les Indes, d'en employer le produit à l'achat d'une cargaison de retour en sucres et autres marchandises de défaite ;*

Vu les instructions datées de Copenhague le 22 novembre 1797, données par *Deconnink* et compagnie à M. *Becker-Teerling,* chargé par eux de diriger une expédition de Trenquebar pour la Chine par le *Caninholm,* dans lesquelles il est dit, *article 1.ᵉʳ,* que la sortie de ce navire pour Trenquebar ne les concernant pas, *excepté que le capitaine* Alcock *s'est engagé de relâcher à Portsmouth pour y charger quarante - six caisses de piastres qu'ils y ont fait transporter de Hambourg pour leur compte, et qu'il doit délivrer à leur ordre à Trenquebar, franches de fret, ledit* Becker-Teerling *ne commencera ses fonctions qu'à Trenquebar, dont il fera le voyage comme passager ; article 6,* que *Becker-Teerling* disposera des piastres et marchandises qui pourraient se trouver à bord pour leur compte, au mieux possible, pour acheter, du produit, une cargaison de retour; *article 8,* que s'il manque à cet égard des fonds suffisans, il pourra tirer sur eux, les traites devant être de préférence payables à Copenhague, et, si cela ne se peut, à *Londres : article 12,* que *Becker-Teerling* tâchera d'obtenir l'usage de la *factorerie danoise ;* et que s'il se trouve à la Chine des *subrécargues danois,* ce qu'ils ne croient pas, il ne négligera rien pour vivre avec eux *en bonne intelligence; article 16,* que *Becker-Teerling* emploîra la valeur d'un millier d'écus, plus ou moins, à l'achat *de quelques belles étoffes de bon goût ou de quelque autre curiosité qu'ils puissent présenter à cinq ou six individus de la famille royale : article 17,* que le retour de cette expédition ne pouvant se faire dans aucun port des États du roi, à cause du privilége exclusif de la Compagnie, le vaisseau devra relâcher au *Texel* ou au *Vlie,* où il sera trouvé des ordres positifs pour la destination définitive : lesdites instructions suivies *d'une apostille dudit* Becker-Teerling, *datée de Londres le 10 janvier 1798, portant qu'une des copies du présent acte, signée le 7 décembre 1797, et l'autre le 9 janvier 1798, et scellée en présence de MM. W. J. Rackes et compagnie, a été ensuite à eux remise par MM.* Deconnink *et compagnie, à Copenhague;*

Vu une lettre écrite *de Londres, le 5 janvier 1798,* par le capitaine *John Alcock,* à l'adresse de *Georges Skeene,* officier à bord du *Caninholm,* à Portsmouth, par laquelle il lui annonce qu'*il sera à Portsmouth le jeudi ou vendredi suivant, et que le trésor sera rendu environ dans ce temps-là,* ainsi qu'une quantité considérable de bagages de passagers, comptant mettre à la voile le 13 ou le 14;

Vu une autre lettre, du 9 janvier, adressée *de Londres* audit *Georges Skeene,* dans laquelle le capitaine *Alcock* annonce en termes précis que *le trésor part d'ici ce matin, et qu'il se propose de quitter la ville jeudi;*

Vu deux lettres signées *D. Gordon,* datées de Londres les 20 juillet et 12 octobre 1797, à l'adresse de *Georges Skeene,* dans lesquelles on lui donne des nouvelles de sa famille, de son père, de sa sœur, de ses amis d'Écosse, et desquelles il résulte la preuve que ledit *Georges Skeene* est Anglais;

Vu une lettre trouvée à bord du *Caninholm,* datée de la

Chine le 4 janvier 1799, adressée à Mme *Waltson*, à Londres, par son mari, qui dit lui donner de ses nouvelles par M. *Chreigton, du navire* le Rodney;

Vu une lettre de protection de l'amirauté d'Angleterre, datée du 13 juin 1797, que le capitaine *Alcock* a reconnu, dans le cours de la procédure faite par le juge de paix, appartenir à *James Chreigton,* son charpentier;

Vu une expédition de la douane anglaise de Simonstown au Cap de Bonne-Espérance, constatant l'entrée du *Caninholm* dans ce port, le 3 mai 1798, et le séjour qu'il y a fait jusqu'au 29 du même mois;

Vu la charte-partie conclue à Trenquebar le 13 août 1798, par laquelle *John Alcock* loue et affrète son navire en entier à *Becker-Teerling,* pour compte desdits *Deconnink* et compagnie, pour un voyage à la Chine et retour en Europe, s'engageant à relâcher dans un port de la Manche ou au Texel, pour y prendre des ordres ultérieurs relatifs à la cargaison;

Vu deux certificats délivrés par les membres du gouvernement des possessions de S. M. danoise dans les Indes orientales, contenant la déclaration assermentée des négocians danois *Duntzfeld* et compagnie, tendant à prouver la propriété neutre du navire *le Caninholm* et de sa cargaison, destinés pour la Chine et de là pour le Texel;

Vu l'acquit de la douane de Trenquebar pour ladite cargaison, du 13 août 1798;

Vu un connaissement général, en langue anglaise, *non signé,* des marchandises chargées par *Jean Becker-Teerling,* subrécargue dudit navire, pour le compte d'*André-Gabriel Sirbelius,* négociant de *Calmar,* en date du 7 janvier 1799, à Canton en Chine, lesdites marchandises devant être tenues à la disposition de MM. *Deconnink* et compagnie ; dont les ordres seront trouvés prêts dans un port du *Canal britannique* ou au Texel;

Vu le manifeste de ladite cargaison, laquelle consistait en thé, rhubarbe, racines de la Chine, *idem* gallinga, bambous et nankins, énonçant le même pour-compte, le même ordre, et signé par *Becker-Teerling*, sous la même date que le connaissement;

Vu le procès-verbal dressé en mer le 7 prairial an 7, par les officiers majors et mariniers du corsaire *le Scipion français*, de Bordeaux, capitaine *Arnaud Martin*, portant qu'étant par les 48° 40' de latit. nord et 18° de longit. ouest, méridien de Paris, ledit corsaire aperçut un navire à trois mâts auquel il appuya chasse; que ce navire, ayant arboré pavillon danois, n'en avait pas moins fui à toutes voiles; que cependant, malgré ses manœuvres pour éviter d'être approché, il fut atteint le lendemain, semoncé sous pavillon national, et forcé de mettre en panne; qu'un officier de ce navire déclara qu'il s'appelait *le Caninholm*, de Copenhague, armé de soixante-dix-huit hommes d'équipage, tant Danois qu'Anglais et Portugais, venant de Canton en Chine, et allant au Texel, chargé en grande partie de thé; qu'il résulta de l'examen des papiers que cet officier présenta, qu'il n'était porteur d'aucun acte de propriété ni connaissement, et que l'état de chargement était écrit en anglais; que les deux lieutenans du corsaire s'étant transportés sur ledit bâtiment pour en faire la visite, le trouvèrent paré au combat, les canons chargés et amorcés, et dans le plus grand état de défense; qu'il résulta du rapport de ces officiers, que ce navire était de construction ennemie; qu'ils surent par divers hommes de l'équipage, qu'il se nommait, deux ou trois ans auparavant, *le Rodney*, de Londres, et que le capitaine, le second, un autre officier et partie de l'équipage étaient anglais de nation; qu'en conséquence ledit navire fut amariné et confié au lieutenant *Dardenne*, avec ordre de le conduire dans un port français ou allié;

Vu une déclaration dudit lieutenant et autres officiers conducteurs de ladite prise, portant que, le 16 prairial an 7, étant mouillés en rade du Verdon, rivière de la Garonne, ils découvrirent sur *le Caninholm* un pavillon anglais, ainsi que sa flamme, et eurent occasion de se convaincre que c'était un ennemi, masqué sous pavillon danois;

Vu la déclaration d'arrivée faite le 21 prairial par ledit C.^{en} *Dardenne*, chef de prise, devant le juge de paix du canton de Saint-Ciers de Canesse, et conforme, dans tous ses détails, au procès-verbal de capture;

Vu l'interrogatoire subi le 22 prairial par le capitaine du navire capturé, dont les réponses portent en substance, qu'il s'appelle *John Alcock*, âgé de quarante-deux ans, né à Harwick en Angleterre; qu'il a résidé tantôt à Londres, tantôt à Copenhague ou aux Indes orientales; que, parti de Copenhague, il est allé à Portsmouth en Angleterre, où il a pris de l'argent; qu'après son départ de Portsmouth, il a touché au Cap de Bonne-Espérance pour y déposer quelques marchandises en balles et en futailles, dont il ignorait le contenu; qu'il avait reçu ses expéditions à Copenhague; qu'il a fait son retour en Europe, de Canton en Chine, avec un chargement consistant principalement en thé; qu'il croit que son navire a été construit en Angleterre, et que c'est un ancien bâtiment de la Compagnie des Indes, nommé *le Rodney*; qu'il est à bord du *Caninholm* depuis le mois de juillet 1797; que ses armateurs sont MM. *Duntzfeld* et compagnie, de Copenhague; qu'il n'a pris à Portsmouth que des piastres; qu'il avait à bord un pavillon danois, et peut-être aussi un pavillon anglais; que le navire a dix canons en batterie, avec quinze ou vingt barils de poudre et des boulets en proportion; que sa femme est, depuis son départ, dans le nord de l'Angleterre; qu'il croit que son second est natif d'Écosse, se référant pour l'origine des autres à son rôle d'équipage; qu'il a embarqué les Indiens qui se trouvent à son bord, sur la côte de Coromandel; que lui même a conduit son navire à Copenhague, lorsqu'il portait encore le nom de *Rodney;* qu'étant parti à cet effet de Londres sous pavillon anglais, en juillet 1797, il arriva à Copenhague en septembre, où le navire fut vendu; que c'était à la demande de MM. *Duntzfeld* et compagnie qu'il prit ce navire qui appartenait alors à M. *Hunter,* négociant à Londres; que tout son chargement de retour a été pris à Canton, en Chine, par le subrécargue *Becker-Teerling,* Hollandais; qu'il est revenu en droiture, sans s'être arrêté ailleurs qu'à l'île du Nord, dans le détroit de Sunda, pour faire de l'eau; que s'il se mit en état de combat au moment de la chasse, c'est qu'il n'avait pas aperçu le pavillon français;

Vu l'interrogatoire subi le même jour par ledit *Becker-Teerling,* lequel s'est dit natif de Flessingue, domicilié à Amsterdam, et a répondu qu'il s'était embarqué à Portsmouth, sur le navire *le Caninholm,* pour aller à Trenquebar; qu'il connaît que MM. *Deconnink* et compagnie, de Copenhague, ont chargé à bord quarante-six caisses de piastres, envoyées par eux de Hambourg en Angleterre pour leur compte; qu'il ignore le motif de la relâche au Cap de Bonne-Espérance, croyant cependant que c'était pour rafraîchir et laisser un passager; que le chargement de retour était pour compte de M. *André-Gabriel Surbelius,* négociant de Calmar, en Suède, à la consignation de MM. *Deconnink* et compagnie, de Copenhague, pour entrer dans un des ports de la Manche ou du Texel, où il devait trouver des ordres; qu'il n'a fait connaissance avec le capitaine

Alcou

Alcock qu'à son arrivée à Portsmouth, et ignore son origine;

Vu l'interrogatoire du capitaine en second du *Caninholm*, lequel a répondu s'appeler *Georges Skeene*, né à Édimbourg en Écosse, ayant été élevé dans le nord de l'Écosse, sans domicile fixe, ayant sa famille établie à Aberdun en Écosse; qu'après avoir navigué long-temps sous pavillon anglais, et commandé en dernier lieu un brik anglais dans l'Inde, il s'est embarqué à Copenhague en septembre 1797, sur le navire *le Caninholm;* que de là il alla à Portsmouth, où l'on prit de l'argent, ensuite au Cap de Bonne-Espérance, où l'on mit à terre des bagages de passagers; qu'en 1796, lui répondant fut pris sous pavillon anglais, et conduit à l'Ilé-de-France; enfin, qu'il croit que le *Caninholm* a été construit en Angleterre;

Vu l'interrogatoire subi par plusieurs hommes de l'équipage, qui ont répondu en substance :

L'un, qu'il s'appelait *Dominique Dimanche*, nègre libre, natif de Pondichéry, y demeurant habituellement, s'étant embarqué à Madras en qualité de matelot, pour aller en Chine;

L'autre, qu'il s'appelait *James Chreigton*, natif de New-York, embarqué à Londres au mois d'octobre 1796, lorsque le navire portait encore le nom de *Rodney*, appartenait à *Hunter* et compagnie, de Londres, et était commandé par le capitaine *Maitland*, sous pavillon anglais; que ce bâtiment conserva le même pavillon à Copenhague pendant cinq à six jours; que quarante-cinq caisses d'argent furent chargées à son bord pendant la relâche de Portsmouth; que lorsqu'il est parti, le capitaine *Alcock* résidait en Angleterre, et que sa femme et lui ont leur domicile habituel dans le nord de ce royaume;

Le troisième, nommé *Peter Diedrichsen*, natif d'Aabenrac en Hostinde, ayant la qualité de lieutenant, qu'il avait été pris dix passagers à Portsmouth, qui furent débarqués à Madras et à Trenquebar, et dont la majeure partie étaient Anglais;

Le quatrième, qu'il s'appelait *Georges Anthony*, de New-York, résidant en Angleterre depuis l'âge de quatre ans, second lieutenant; que *le Caninholm*, après sa relâche au Cap de Bonne-Espérance, alla à Trenquebar, à Madras, revint à Trenquebar, de là à Pulo-Penang, dans le détroit de Malaca, se rendit à Malaca et ensuite à Canton; et qu'à son retour en Europe, il ne toucha qu'à l'île du Nord pour y faire de l'eau;

Le cinquième, nommé *Frédéric Nagel*, de Copenhague, quatrième officier, que le capitaine *Alcock* parlait anglais, et qu'il ne l'a jamais entendu parler danois;

Le sixième, qu'il s'appelait *John Kelly*, natif d'Angleterre, ayant sa résidence habituelle à Londres, s'étant embarqué sur *le Caninholm* en qualité d'aspirant;

Le septième, qu'il s'appelait *Alexandre Mellin*, natif de New-York, domicilié depuis huit ans à Londres, s'étant embarqué dans la Tamise sur *le Caninholm* en qualité de maître-d'hôtel, le 27 juillet 1797, lorsque le navire appartenait à MM. *Hunter* et *Walker* de Londres, et portait le nom de *Rodney*; qu'en entrant à Pulo-Penang, île appartenant à la compagnie anglaise des Indes, qui y entretient une forte garnison, on hissa le pavillon anglais, et qu'on le salua;

Et le huitième, qu'il se nommait *James Brown*, matelot, natif de Waterford en Irlande, y résidant habituellement, s'étant embarqué à Londres sur *le Caninholm*, alors connu sous le nom de *Rodney*;

Vu les procès-verbaux d'apposition de scellés, de levée et réapposition d'iceux, et d'inventaire des papiers de la prise, des 21 prairial, 25 et 26 messidor an 7;

Vu le jugement rendu le 27 fructidor an 7 par le tribunal de commerce séant à Blaye, département de la Gironde, lequel, considérant principalement que les Danois doivent être régis, comme les autres neutres, par les dispositions des règlemens et notamment de celui de 1778 ; qu'il est prouvé par les interrogatoires que *le Caninholm* a originairement fait partie des vaisseaux de la compagnie anglaise des Indes, sous le nom de *Rodney*, et qu'il appartenait à MM. *Hunter* et *Walker*, négocians de Londres ; que la vente de ce navire, consentie le 10 octobre 1797, par *Deconnink* et compagnie à *Duntzfeld* et compagnie, le désigne sous le nom de *Caninholm* ; que cette vente a eu lieu sous signature privée, ce qui est contraire à l'article VII du règlement de 1778, et que d'ailleurs elle est postérieure au commencement des hostilités ; qu'aucune pièce ne justifie que *Deconnink* et compagnie aient acheté ce navire, ni que les propriétaires anglais leur aient donné aucun pouvoir pour le vendre en leur nom ; que *John Alcock* est convenu de son origine anglaise, et que ses lettres de bourgeoisie de Copenhague, en les regardant comme des lettres de naturalisation, sont nulles, 1.° parce qu'étant datées du 26 octobre 1795, elles sont postérieures aux hostilités, 2.° parce que *John Alcock* est ensuite retourné en Angleterre, où il a commandé, en 1797, ledit navire, sous pavillon anglais ; qu'il s'est trouvé à bord du *Caninholm*, au moment de la prise, plusieurs officiers majors d'un pays ennemi ; savoir, le capitaine *John Alcock*, *Georges Skeene*, second capitaine, *Georges Anthony*, lieutenant, et *Georges Kelly*, aspirant, lequel n'est pas même porté sur le rôle d'équipage ; que le *Caninholm* est parti de Trenquebar pour entreprendre le voyage dans le cours duquel il a été arrêté ; que c'est à Trenquebar que son passe-port danois lui a été délivré, et que cependant il n'est représenté aucun rôle d'équipage arrêté à Trenquebar, lieu du départ ; qu'il ne se trouve qu'un connaissement général non signé, auquel les règlemens défendent d'avoir égard ; que de tous les faits ci-dessus, il résulte que la propriété neutre du navire et du chargement n'a pas été légalement justifiée ; déclare de bonne prise ledit navire *le Caninholm* et tout son chargement, et fait main-levée du tout aux armateurs, équipage et intéressés du corsaire *le Scipion français*, de Bordeaux, pour en faire et disposer comme de chose à eux appartenante, en se conformant aux lois ;

Vu le jugement rendu le 18 vendémiaire an 8, sur l'appel interjeté par ledit capitaine *John Alcock*, par le tribunal civil du département de la Gironde, et confirmatif des dispositions de confiscation portées dans le jugement ci-dessus contre *le Caninholm* et son chargement ;

Vu la requête adressée par le capitaine *John Alcock* au tribunal de cassation le 29 brumaire an 8, à l'effet de faire casser et annuller le jugement ci-dessus du tribunal civil de la Gironde, du 18 vendémiaire an 8 ;

Vu le mémoire présenté au Conseil le 1.er prairial an 8, par les armateurs du corsaire *le Scipion français*, lesquels se sont attachés à prouver d'abord que, de l'aveu même des capturés, le navire *le Caninholm* était de construction anglaise, et qu'il avait appartenu à des Anglais jusque vers la fin de 1797, sous le nom de *Rodney* ; que pour être réputé neutre, la vente aurait dû en être faite avant le commencement des hostilités ; que cependant il n'existait point d'acte de translation de propriété de l'ennemi au sujet neutre ou allié ; que la seule translation opposée par *Alcock* était de Danois à Danois ; que d'ailleurs cette translation était du mois d'octobre 1797, par conséquent bien postérieure au commencement de la guerre ; et qu'ainsi *le Caninholm* n'avait point perdu sa qualité ennemie, d'après les dispositions du règlement de 1778 ; secondement, que le capitaine de ce navire étant Anglais, de son propre aveu, il ne pouvait couvrir le vice de son origine par la lettre de bourgeoisie à lui délivrée à Copenhague le 26 octobre 1795, 1.º parceque cette date était postérieure au commencement des hostilités; 2.º parce que depuis, il était retourné en Angleterre, et y avait commandé sous pavillon anglais; en troisième lieu, que *Becker-Teerling*, subrécargue, n'avait pas justifié n'être pas Anglais, et qu'il était prouvé qu'il s'était embarqué à Portsmouth et qu'il avait signé à Londres ses instructions; que *Georges Skeene*, capitaine en second, *Georges Anthony* et *John Kelly*, officiers, étaient également Anglais, de leur propre aveu; en quatrième lieu, que le char-gement était le produit de quarante-six caisses et six barils de piastres qui, envoyés de Londres, avaient été chargés à Ports-mouth; qu'indépendamment des justes soupçons que pouvaient faire naître, sur les véritables propriétaires de ces piastres, les dépositions contradictoires faites à ce sujet, des pièces authen-tiques, deux lettres du capitaine trouvées à bord et annexées à la procédure, constataient que ces piastres étaient parties de Londres à la destination de Portsmouth, le 9 janvier 1798; cinquièmement, que le capitaine *Alcock*, ayant un passe-port pour aller de Trenquebar à la Chine et de là au Texel, était contrevenu à ce passe-port en relâchant successivement à Ma-dras, Pulo-Penang, Malaca, possessions anglaises; et que le rôle d'équipage, arrêté à Copenhague, aurait dû l'être à Tren-quebar, lieu du départ pour le voyage de la Chine et du Texel, lieu où fut dressée la charte-pártie d'affrétement entre *Alcock* et *Becker-Teerling*, où le passe-port fut expédié, où le navire reçut enfin des nouveaux affréteurs, une destination nouvelle; sixièmement, que le seul connaissement produit était en langue anglaise, sans signature, et par conséquent nul; que le manifeste ne contenait qu'une partie du chargement; et que le nom de *Surberlius*, Suédois, pour le compte de qui les marchandises étaient supposées, n'étant qu'un nom emprunté, aucun titre légal ne constatait la propriété neutre ; qu'ainsi le navire, le capitaine, le subrécargue, plusieurs officiers majors, étant Anglais, la cargaison anglaise, le passe-port et le rôle d'équipage nuls, le connaissement sans signature et le manifeste supposé, tous ces motifs validaient assez la capture, et devaient nécessairement entraîner la confiscation dudit navire et de son chargement, à laquelle lesdits armateurs ont conclu ;

Vu le mémoire présenté, le 14 prairial an 8, par le capitaine *John Alcock*, qui a principalement puisé ses moyens de défense dans le traité de navigation et de commerce conclu le 23 août 1742 entre la France et le Danemark, et maintenu indéfiniment par convention du 30 octobre 1749. L'article XX de ce traité, a-t-il dit, porte que les Danois peuvent naviguer librement et sans trouble comme avant la guerre, le seul accès des ports bloqués leur étant interdit. L'art. XXI leur impose l'obligation de montrer aux bâtimens visiteurs un passe-port indicatif de leur charge et destination ; après la représentation de ce passe-port, on ne peut les soumettre à la visite, ni retarder leur marche. L'art. XXII leur défend de porter à l'ennemi des munitions de guerre : or, le navire *le Caninholm* n'a enfreint aucune de ces dispositions. Le règlement de 1778 ne peut régir les navires danois ; ils ne sont tenus que de se conformer aux clauses du traité de 1742 : ce traité n'exige pas les mêmes formalités que le règlement ; elles ont donc pu être omises par *le Caninholm* sans lui préjudicier. Or il est vrai que ce navire est de construction anglaise, a été acheté des Anglais depuis les hostilités ; mais par le traité de 1742, ce ne sont pas là des causes de confiscation pour une propriété danoise : il est vrai que plusieurs officiers majors sont nés en Angleterre, mais le traité de 1742 ne permet pas que le sort d'un navire danois soit compromis par l'origine de ses officiers : il est vrai que *le Caninholm* a relâché dans plusieurs ports anglais ; mais le traité de 1742 ne lui interdit que l'accès des ports assiégés. En vain dirait-on que ce traité ne subsiste plus, qu'un arrêté du Directoire l'a abrogé : le Directoire n'a pu l'abroger sans le concours de la puissance danoise ; et par la convention de 1749, il doit subsister jusqu'à ce qu'il en ait été conclu un nouveau. D'un autre côté, il a suffi que le rôle d'équipage ait été arrêté à Copenhague, lieu du départ pour les Indes ; les lettres de bourgeoisie de Copenhague suffisent pour effacer dans *Alcock* la tache de son origine ; le manifeste est en règle, et il suffit qu'une pièce de bord justifie la propriété neutre. De tout quoi ledit *John Alcock* a conclu à ce qu'il plaise au Conseil, sans s'arrêter aux jugemens rendus, déclarer la prise du *Caninholm* nulle et illégale ; faire main-levée audit *Alcock*, tant en son nom que pour les armateurs et fréteurs, dudit navire et de sa cargaison ; ordonner qu'aux frais des armateurs *Bonnet* et compagnie, *le Caninholm* sera remis, quant à son chargement, dans le même état où il était le 7 prairial an 7, le tout exempt d'avaries et de détérioration ; condamner lesdits armateurs à tels dommages et intérêts qu'il plaira au Conseil arbitrer, résultant principalement du déchargement prématuré, de l'indue rétention et des dépenses de tout genre qui ont été la suite d'une arrestation illégale ;

Vu les conclusions du commissaire du Gouvernement, déposées cejourd'hui par écrit sur le bureau , et dont la teneur suit :

Le 7 prairial an 7 , le corsaire français *le Scipion* , de Bordeaux, capitaine *Martin*, armateurs *Raimond Bonnet* et compagnie, se trouvant par 48 degrés 40 minutes de latitude nord et 18 degrés de longitude à l'ouest du méridien de Paris, découvrit *le Caninholm*, commandé par *John Alcock*.

Après lui avoir tiré le coup de semonce, un officier du *Caninholm* se rendit à bord, avec quelques papiers.

Le capitaine du corsaire ayant trouvé ces papiers insignifians, il envoya à bord du *Caninholm* ses deux lieutenans qui le trouvèrent en état de défense. L'audace de l'équipage du corsaire en ayant imposé à celui du *Caninholm*, le capitaine en second, muni des papiers de ce navire, se rendit à bord du corsaire.

Ces papiers furent mis dans un sac avec un état écrit de la main du second, énonçant la quantité des pièces remises. Cet état fut fait pour suppléer au sceau dont manquait le capitaine en second du *Caninholm*.

Le capitaine du corsaire dressa son procès-verbal de capture, que le second du *Caninholm* refusa de signer.

Nous avons puisé ces faits dans le procès-verbal de capture.

Le Caninholm fut amariné, et le premier lieutenant du corsaire fut chargé de le commander.

Pendant la route, et le 16 prairial, les officiers conducteurs de la prise trouvèrent, dans leur recherche sur *le Caninholm*, *une quantité de papiers, comme journaux entiers, lettres, reçus de bord, signaux, de même qu'un pavillon anglais que l'on a dégradé, ainsi que sa flamme. D'après cela* (dit-on dans le procès-verbal, où nous copions ces faits), *nous avons vu réellement que le bâtiment se nomme* le Rodney *de Londres, par conséquent masqué sous pavillon danois de la compagnie, qui ne l'est encore pas d'après ce que le subrécargue m'a dit.*

Le navire *le Caninholm* étant d'une très-grande capacité, ne put remonter la Gironde, et fut mouiller à l'île du Nord.

Le 19 prairial, le capitaine du corsaire se présenta au juge de paix de Saint-Ciers-de-Canesse : il le requit de se transporter à bord

bord avec un interprète, pour y recevoir la déclaration du conduc-teur, les papiers de la prise, et faire toutes les opérations relatives à son ministère.

Le juge de paix déclara, à la suite de cette pétition, qu'il se rendrait à bord le 21 prairial.

Le juge de paix se rendit à bord du *Caninholm, avec l'assistance d'interprètes compétens.* Après avoir reçu la déclaration du conducteur de la prise, il procéda à l'inventaire des pièces trouvées dans le sac, *relaté dans la déclaration du capitaine de prise.*

Il s'y trouva en effet vingt-une pièces; plus, une déclaration du second capitaine du *Caninholm, contenant la remise desdites pièces.*

Le juge de paix requit le second du *Caninholm* de signer cette première partie de son procès-verbal, à quoi il se refusa.

Sur le requis de l'armateur du corsaire, le juge de paix somma le capitaine capturé de l'introduire dans son appartement, où, d'après le triage des papiers qui s'y trouvaient, il choisit ceux qui lui pa-rurent utiles, et laissa ceux que l'interprète lui dit être insignifians.

Ces papiers furent remis à l'interprète.

On procéda ensuite à l'apposition des scellés et à la description de l'armement du navire.

Ces opérations finies, le juge de paix interrogea les hommes de l'équipage.

Il résulte des réponses du capitaine, qu'il se nomme *John Alcock,* âgé de quarante-huit ans, marin; *qu'il est né à Harwick en Angleterre;* qu'il a résidé en différens endroits, comme Londres, Copenhague et les Indes orientales; que, depuis environ quatre ans, il a fait sa résidence tant à Copenhague qu'en Angleterre, où il prit l'état de marin; qu'il a navigué sous pavillon danois; qu'il est parti de Co-penhague, pour son dernier voyage; qu'il est allé à Portsmouth en Angleterre, où il a pris de l'argent; qu'il a touché au Cap de Bonne-Espérance pour y déposer quelques marchandises; qu'il a reçu ses expéditions à Copenhague; qu'il est parti de Canton en Chine, où il a pris ses expéditions pour retourner en Europe; qu'il

C

est venu en droiture, sans s'arrêter nulle part, si ce n'est à l'île du Nord dans le détroit de Sunda, pendant un jour, pour y faire de l'eau ; que ses marchandises consistent principalement en thé, suivant son manifeste, auquel il se réfère ; que son navire a été construit en Angleterre ; que c'est un ancien bâtiment de la compagnie des Indes, qui se nommait *le Rodney;*

Qu'il est à bord du *Caninholm* depuis le mois de juillet 1797; qu'il a toujours commandé ce navire depuis cette époque; que ses armateurs sont MM. *Duntzfeld* et compagnie de Copenhague; qu'il a chargé de sortir à Copenhague; qu'il n'avait point de consignataire, étant libre de s'adresser à qui il voulait; qu'il a chargé à Copenhague, de fer, goudron, brai, charbon, vin, eau-de-vie, et n'a pris à Portsmouth que des piastres ; qu'il a déchargé au Cap de Bonne-Espérance diverses marchandises en balles et en futailles dont il ignore le contenu ; qu'il avait à bord un pavillon danois; qu'il croit qu'il y en avait un anglais, mais qu'il n'en est pas sûr; que son navire a dix canons en batterie ; que depuis qu'il commande des navires danois, il a été dans le cas de se battre contre des pirates sur la côte de Malabar; que c'est pourquoi le navire se trouve armé, suivant l'usage des navires qui vont dans l'Inde; qu'il croit avoir à bord quinze à vingt barils de poudre avec des boulets et des balles en proportion, et qu'il a tout pris à Copenhague; qu'il a seize canons à fond de cale pour lest ; qu'il a toujours navigué sous pavillon danois ; qu'il n'a jamais hissé pavillon anglais ; que sa femme se trouve dans le moment dans le nord de l'Angleterre, où elle est depuis son départ d'Europe; qu'il a le même équipage qu'à son départ de Copenhague, à la réserve d'un couple de matelots et de deux ou trois déserteurs; qu'il croit que son second est natif d'Écosse, et que son premier lieutenant est Danois; qu'il ignore l'origine des autres, et qu'à cet égard il se réfère à son rôle d'équipage;

Qu'il a embarqué des Chinois à Canton, et des Indiens sur la côte de Coromandel ; qu'il commandait *le Caninholm* lorsqu'il portait le nom de *Rodney,* et qu'il l'a conduit, sous ce dernier nom, de Londres à Copenhague sous pavillon anglais ; qu'il arriva à Copenhague en septembre 1797, année où le navire a été vendu ; qu'avant que ce navire appartînt à MM. *Duntzfeld* et compagnie, qui lui en ont confié le commandement, il croit qu'il appartenait à M. *Hunter*, négociant à Londres.

Il répond que sa destination était pour le Texel ou quelque port de la Manche où il pourrait entrer facilement, et où il devait trouver des ordres ; que les propriétaires sont Danois ; que tout a été chargé à Canton par *Becker-Teerling*, Hollandais, actuellement à bord en qualité de subrécargue : dit qu'il a remis tous les papiers qu'il avait en son pouvoir, mais que le subrécargue en a d'autres ; qu'il n'a point connaissance qu'il ait été jeté des papiers à la mer ; que le subrécargue n'est pas porté sur le rôle ; qu'il n'a pas obéi au coup de semonce, parce qu'il n'a pas aperçu de pavillon au corsaire ;

Qu'il s'était disposé à combattre pour sa légitime défense, n'ayant pas vu de pavillon ; mais que, dès que les officiers français avaient paru, il avait donné ordre à ses canonniers de se retirer ; qu'il n'a point de commission de guerre.

Il se plaint de pillage fait à son bord. Il croit que le pavillon anglais, trouvé à bord, a été coupé pour faire des flammes ; que les journaux ne sont pas à lui, qu'ils doivent appartenir à quelque officier.

Ici on suspend l'interrogatoire, attendu que les papiers qui avaient été trouvés à bord, se trouvent égarés, sauf à les reprendre lorsqu'on les aura trouvés. La reprise de l'interrogatoire est insignifiante.

Le capitaine, interpellé de signer, refuse de le faire.

Le subrécargue dit s'appeler *Becker-Teerling*, natif de Flessingue, domicilié à Amsterdam, passager ; s'être embarqué à Portsmouth en janvier 1798, pour aller à Trenquebar, côte de Coromandel : il déclare que MM. *Deconninck*, négocians à Copenhague, ont chargé quarante-six caisses de piastres envoyées de Hambourg en Angleterre pour être chargées pour leur compte dans ledit navire à Portsmouth , et être délivrées à lui déclarant, à son arrivée à Trenquebar ; qu'il y est allé en droiture, en relâchant au Cap de Bonne-Espérance , où il croit qu'on a relâché pour rafraîchir, et y laisser un passager ; qu'il est parti de Canton, où le capitaine a pris ses lettres de passe ; qu'il a relâché seulement à l'île du Nord, aux côtes de Sumatra ; que le chargement est pour le compte d'*André-Gabriel Surbelius*, négociant à Calmar en Suède, à la consignation de MM. *Deconninck* et compagnie, négocians à Copenhague, pour entrer dans un des ports de la Manche ou du Texel.

Le reste est conforme aux réponses du capitaine.

James Archer, cuisinier , se dit natif de Philadelphie, et s'être embarqué pour Trenquebar.

François Boutelley, de Dunkerque, matelot, dit s'être embarqué à Copenhague pour Trenquebar ; il déclare venir du port de Bambouck en Chine ; avoir entendu dire que le navire allait à Hambourg ou au Texel ; qu'il y avait à bord un pavillon anglais; qu'il a vu charger de l'argent en caisse et des provisions, à Portsmouth ; qu'il n'a pas connaissance qu'il y ait des marchandises anglaises à bord ; que le second capitaine se nomme *Skeene ;* qu'il le croit Anglais, et qu'il croit les premier et second lieutenans Danois.

Dominique Dimanche, matelot, se dit natif de Pondichery, s'être embarqué à Madras pour aller en Chine; qu'au premier coup de canon de semonce, le capitaine a laissé un peu arriver en forçant de voiles; que les canons étaient chargés , avant que le corsaire fût à portée de l'atteindre ; que les canonniers prirent leur poste par le commandement du second capitaine ; que les mèches étaient allumées, les canons amorcés et prêts à faire feu ; que le second ne se détermina à aller à bord du corsaire, que sur la menace que lui fit ce dernier de faire feu; qu'il n'a point vu jeter de papiers à la mer.

Le capitaine en second s'appelle *George Skeene :* il déclare être né à Édimbourg , d'où il est sorti très-jeune ; il n'a point de domicile fixe, a été élevé dans le nord de l'Écosse, a toujours voyagé, a monté *le Caninholm* à Copenhague, d'où il est allé à Portsmouth, de là au Cap de Bonne-Espérance ; que le navire et la cargaison étaient adressés à des personnes de Trenquebar ; qu'il est parti de Chine pour revenir en Europe ; qu'il a relâché à l'île du Nord ; qu'il croit que le navire est de construction anglaise ; que sa famille est domiciliée à Aberdun en Écosse.

James Chreigton, charpentier, natif de New-York dans les États-Unis d'Amérique, où il a son domicile ordinaire, dit s'être engagé à Londres au mois d'octobre 1796, dans ledit navire, en qualité de charpentier ; que le navire s'appelait *le Rodney*, commandé par le capitaine *Maitland*, sous pavillon anglais ; qu'il est parti sous ce pavillon pour Copenhague, où il l'a conservé cinq à six jours ; qu'il était alors commandé par le capitaine *John Alcock*; que de Copenhague il est allé à Portsmouth sous pavillon danois ; qu'ils y ont chargé quarante à quarante-cinq caisses d'argent et le bagage de quelques passagers ; qu'il y avait neuf passagers, dont il croit six Anglais ; que *le Rodney* appartenait à *Hunter* et compagnie de Londres ; qu'il a entendu dire que le capitaine avait attaché certains papiers au plomb de la sonde pour être jetés à la mer ; que le capitaine résidait en Angleterre lorsqu'il est parti ; que sa femme et lui habitent habituellement le Nord de l'Angleterre ; que d'ordre du second capitaine *Skeene*, il a démoli une ou deux cabanes pour faire place aux canons ; qu'on alluma des fanaux, et qu'on fit battre la caisse pour intimider le corsaire ; que l'opinion pour la défense fut générale, moins le capitaine, qui s'y opposa et fit éteindre les fanaux.

Peter Diedrichtsen, lieutenant, dit s'être embarqué à Copenhague pour Trenquebar ; qu'il a touché à Portsmouth et au Cap de Bonne-Espérance ; qu'il y avait environ dix passagers, dont partie a été débarquée à Madras et partie à Trenquebar ; que la majeure partie étaient des Anglais ; qu'au Cap, on a déchargé quelques caisses et quelques futailles ; qu'ils y ont pris deux ou trois passagers qu'il croit Anglais, et qu'à Madras ils ont déchargé le reste de la cargaison, venant de Trenquebar, où ils avaient pris une partie de bois d'ébène; que les chargeurs en Europe sont *Duntzfeld* et compagnie, qu'il ne connaît pas ceux de l'Inde; qu'ils ont touché à Sumatra pour y faire de l'eau; que le navire n'a pas cherché à éviter le corsaire; qu'il a vu le charpentier travailler aux cabanes, et qu'il ignore pourquoi; qu'il s'était préparé à la défense, ne connaissant pas l'état politique de l'Europe.

George Anthony, second lieutenant, dit être natif de New-York, résidant en Angleterre depuis l'âge de quatre ans; qu'il ne croyait aller qu'au Cap de Bonne-Espérance, et qu'avant, il est allé à Portsmouth; que de là il a été à Trenquebar, et ensuite à Madras, de Trenquebar à Pulo-Penang, dans le détroit de Malaca; que de là ils se rendirent à Malaca, et de Malaca à Canton; qu'ils n'ont touché, au retour, qu'à l'île du Nord, dans l'île de Sumatra pour y faire de l'eau; que le navire s'appelait *Rodney* à Londres, commandé par *John Alcock;* qu'ils ont fait tous les préparatifs nécessaires pour ne pas laisser insulter le pavillon danois.

Le quatrième officier dit qu'il s'est embarqué à Copenhague, a fait escale à Portsmouth et au Cap de Bonne-Espérance; qu'il a ouï dire que le navire avait été acheté en Angleterre; que le capitaine parle anglais, qu'il ne l'a jamais entendu parler danois.

Le premier aspirant se dit natif d'Angleterre, résidant habituellement à Londres, embarqué à Portsmouth; a vu un pavillon anglais dégradé; vient en droiture de Canton, sans relâcher nulle part; convient de la disposition à se défendre, et qu'on n'a point démoli de cabanes.

Le second aspirant, *Samuel Eschausier*, natif de la Haye, dit qu'il y avait à bord un pavillon anglais dégradé; ont été à Trenquebar, à Madras; qu'ils ont retourné à Trenquebar, de Trenquebar à Pulo-Penang près Malaca; qu'ils y ont pris des marchandises à fret, et d'autres pour vendre à la Chine; qu'ils touchèrent à Malaca, y débarquèrent treize passagers maures; qu'ils ont déchargé leurs marchandises à Canton, où ils ont pris le chargement actuel; dit que le capitaine l'avait chargé de dire au corsaire que son canot était percé, qu'il le priait d'envoyer le sien, qu'il serait bien reçu, et qu'on lui montrerait ses papiers.

Alexandre Mellin, canonnier, natif de New-York, domicilié depuis huit ans à Londres, dit avoir entendu dire que les armateurs étaient *Hunter* et *Walker* de Londres, qui étaient les propriétaires; que le navire était commandé par le capitaine *Alcock* sous pavillon anglais; qu'il s'est embarqué le 27 juillet 1797; que le navire s'appelait *le Rodney;* qu'ils ont fait escale pour Portsmouth, de là au Cap de Bonne-Espérance, à Trenquebar, à Madras; qu'ils sont revenus à Trenquebar, d'où ils se sont rendus à Pulo-Penang; qu'ils ont déchargé des marchandises et des passagers au Cap, quelques caisses d'argent à Trenquebar, et la majeure partie de la cargaison à Madras; qu'on a chargé beaucoup de marchandises à Pulo-Penang, île cédée à un capitaine anglais, et par celui-ci à la compagnie anglaise des Indes; qu'à l'entrée du navire dans ce port, on hissa pavillon anglais et qu'on le salua; qu'au départ de Londres, il y avait des marchandises à bord; qu'on n'en a déchargé qu'une partie à Copenhague, partie à Madras, et partie à Trenquebar.

James Brown, matelot, dit être natif de Waterford en Irlande, où il a son domicile habituel; qu'il s'est embarqué à Londres; qu'il y avait des marchandises à bord en partant pour Copenhague; que le navire s'appelait *Rodney,* capitaine *Alcock;* qu'il était sous pavillon anglais; que les marchandises ont toutes été déchargées à Madras; que les armateurs sont MM. *Perry* et *Walker* de Londres; qu'on avait jeté un pavillon anglais à la mer.

Le quartier-maître dit résider à Copenhague, s'être embarqué à la Chine.

Tout l'équipage déclare que le navire a constamment navigué sous pavillon danois.

D'après le rapport qui vient de vous être fait, je crois inutile, ou du moins superflu , d'entrer dans le détail de toutes les procédures qui ont eu lieu devant les divers tribunaux auxquels l'affaire a été successivement portée ; ces procédures tendent plus à obscurcir la vérité qu'à l'éclaircir. Je vais donc tâcher de simplifier cette affaire en la considérant sous des rapports qui rassurent le Conseil sur sa décision.

Il est de principe que, de toutes les preuves, celle qui se tire de l'aveu des parties, est la plus forte , et mérite le plus la confiance de la justice.

Ce principe , qui est celui de la raison, est consacré par un arrêt du conseil du 26 octobre 1692. « Veut sa majesté, y est-il dit, » que pleine et entière foi soit ajoutée aux dépositions des capi- » taines , matelots et officiers des vaisseaux pris, s'il n'y a contre » eux aucun reproche valable proposé par les réclamateurs , ou » quelque preuve de subornation et de séduction. »

Aucun reproche n'ayant été fait de la part des capturés contre les hommes de l'équipage , et n'y ayant dans cette affaire aucune trace de subornation et de séduction à leur égard , leurs réponses aux interrogatoires doivent être la première base de la décision du Conseil.

Il conste des propres réponses du capitaine, qu'il est originaire anglais ; qu'il a sa résidence tout à la fois à Copenhague et en Angleterre ; que sa femme est actuellement dans le nord de l'Angleterre.

Quoique cet aveu n'ait pas besoin d'appui, il est cependant confirmé par plusieurs hommes de son équipage.

George Skeene , capitaine en second, s'est dit d'Édimbourg ; sa famille est domiciliée en Écosse.

George Anthony , second lieutenant, a déclaré être natif de New - York , et résider en Angleterre depuis l'âge de quatre ans.

Alexandre Mellin , de New - York, a déclaré être domicilié à Londres depuis huit ans.

James Brown , natif de Waterford en Irlande, a déclaré y avoir son domicile habituel, et s'est de plus embarqué à Londres.

Voilà

Voilà cinq Anglais, c'est-à-dire, cinq ennemis, dont trois officiers majors, composant une partie de l'équipage du *Caninholm*.

Or, l'article IX du règlement de 1778 porte : *Seront de bonne prise tous bâtimens étrangers sur lesquels il y aura un subrécargue marchand, commis, ou officier major d'un pays ennemi.* Si un seul officier major d'un pays ennemi suffit pour opérer la confiscation d'un bâtiment étranger sur lequel il se trouve, à combien plus forte raison trois officiers majors doivent-ils l'opérer.

Sous ce premier rapport, *le Caninholm* est donc au cas de la confiscation.

Examinons le rapport de propriété : *le Caninholm* est-il neutre, est-il ennemi ?

Le capitaine *John Alcock* déclare que *le Caninholm* a été construit en Angleterre ; que c'est un ancien bâtiment de la compagnie des Indes, qui se nommait *le Rodney* ; qu'il l'a conduit, sous le nom de *Caninholm*, de Londres à Copenhague, sous pavillon anglais ; qu'avant la vente de ce navire à MM. *Duntzfeld* et compagnie, il croit qu'il appartenait à M. *Hunter*, négociant à Londres.

Le capitaine en second croit que le navire *est de construction anglaise.*

Le charpentier déclare s'être embarqué à Londres sur *le Rodney*, parti de Londres et arrivé à Copenhague sous pavillon anglais ; que *le Rodney* appartenait à *Hunter* et compagnie, de Londres.

Le second lieutenant déclare que le navire s'appelait *le Rodney* ; à Londres.

Le quatrième officier déclare avoir ouï dire que le navire avait été acheté en Angleterre.

Alexandre Mellin, canonnier, déclare que le navire s'appelait *le Rodney* ; qu'il a ouï dire que MM. *Hunter* et *Walker* de Londres en étaient propriétaires ; qu'il était commandé par *Alcock*, sous pavillon anglais.

James Brown déclare que le navire s'appelait *le Rodney*, capitaine *Alcock*, sous pavillon anglais.

D

Ce faisceau de preuves constate donc, d'une manière aussi forte que légale, que *le Rodney* était non-seulement de fabrique, mais de propriété anglaise, c'est-à-dire ennemie.

Ce navire ne pouvait se laver de cette tache originelle, qu'en passant, par des pièces authentiques, et avant le commencement des hostilités, entre les mains d'un propriétaire neutre ou allié.

Cette transition légale est prescrite par l'article VII du règlement de 1778, lequel s'exprime en ces termes : « Les bâtimens *de fa-* » *brique ennemie, ou qui auront eu un propriétaire ennemi,* ne pourront » être réputés neutres ou alliés, s'il n'est trouvé à bord *quelques* » *pièces authentiques,* passées devant des officiers publics, qui puissent » en assurer la date, et qui justifient que la vente ou cession en a » été faite *à quelqu'un des sujets des puissances alliées ou neutres,* » *avant le commencement des hostilités,* et si ledit acte translatif de » propriété de l'ennemi au sujet neutre ou allié, n'a été dûment » enregistré par-devant le principal officier du lieu du départ, et » signé du propriétaire ou du porteur de ses pouvoirs. »

Le capturé prétend avoir justifié de cette translation de propriété, et il étaie cette prétention d'un acte du 10 octobre 1797.

On trouve en effet dans cet acte, que MM. *Deconninck* et compagnie, *bourgeois et négocians dans la résidence royale et ville de Copenhague, vendent et cèdent* le Caninholm à *MM.* Duntzfeld *et compagnie, négocians à Copenhague;* mais on ne voit pas comment la propriété de ce navire avait été transportée des premiers proprié-taires anglais à MM. *Deconninck* de Copenhague : et c'est cependant cette translation qu'il faudrait prouver par *des actes en bonne forme passés devant les officiers publics à ce préposés, et à une date antérieure au commencement des hostilités; faute desquelles pièces,* dit l'art. VIII du règlement de 1778, *les bâtimens de fabrique ennemie seront de bonne prise.*

Sous ce second rapport, la confiscation me paraît une conséquence nécessaire et du fait et des dispositions de la loi.

Je passe à la cargaison : mais ici il est nécessaire de remonter à son principe, ou, pour mieux dire, à son origine.

Le capitaine déclare, dans ses réponses, qu'il a pris des piastres à Portsmouth.

Teerling, se disant passager, *Teerling*, que le capitaine appelle avec raison *subrécargue* (puisqu'il a signé la charte - partie du chargement, faisant pour MM. *Deconninck*), déclare que ces derniers ont chargé quarante-six caisses de piastres, envoyées de Hambourg en Angleterre, pour être chargées, pour leur compte, dans *le Caninholm*, à Portsmouth, et être délivrées à lui déclarant, à son arrivée à Trenquebar.

Cette délivrance lui a sans doute été faite à Trenquebar, puisque c'est à Trenquebar qu'il a signé le manifeste dont je viens de vous parler.

Cette déclaration paraît caractériser la neutralité des piastres, et conséquemment la partie de cargaison qu'elles ont servi à acheter à Trenquebar.

Mais je ne puis me dispenser de m'arrêter un moment sur cet objet, et de faire remarquer au Conseil qu'il est bien étrange que ce *Teerling*, qui se *dit passager*, que le capitaine appelle *subrécargue*, et qui en effet en remplit les fonctions dans la charte - partie passée à *Trenquebar*, ait pris à Portsmouth des piastres qu'on aurait pu facilement embarquer sur le *Caninholm* à Copenhague, au lieu de faire partir ces piastres pour Hambourg et Portsmouth, à l'effet de les charger sur ce navire.

Ce prétendu passager a toute la physionomie d'un Anglais, chargé de disposer de piastres venant d'Angleterre et appartenant à des Anglais.

On peut ajouter que cette conjecture prend un caractère de certitude, lorsqu'on lit, dans une lettre de Londres, du 5 janvier 1798, écrite par le capitaine *Alcock* au sieur Georges *Skeene*, officier en chef : *Je serai à Portsmouth jeudi au soir ou vendredi prochain, et le trésor sera rendu environ dans ce temps-là.*

Dans une autre lettre, du 9 janvier, adressée par le même au même, le capitaine, en lui confirmant celle du 5, lui annonce que *le trésor part d'ici* (de Londres) *ce matin, et qu'il se propose de quitter la ville jeudi matin.*

Or, l'article des piastres est maintenant parfaitement éclairci. Ces piastres sont visiblement propriété anglaise; elles ont été employées à Trenquebar, pour l'achat de la cargaison. La cargaison est donc propriété ennemie.

Un des matelots déclare qu'il a vu charger de l'argent à Portsmouth.

Le charpentier dit qu'on y a chargé quarante ou quarante-cinq caisses d'argent et le bagage de quelques passagers; qu'il y avait neuf passagers, dont il croit six Anglais; et ceci se lie parfaitement et à la qualité de *passager* prise par *Teerling*, et aux lettres écrites de Londres par le capitaine, qui, en annonçant l'envoi du *trésor*, parle aussi de *passagers*, et annonce une lettre plus ample sur le compte de ces passagers.

Alexandre Mellin, canonnier, déclare qu'au départ de Londres, il y avait des marchandises à bord; qu'on n'en a déchargé qu'une partie à Copenhague, partie à Madras et partie à Trenquebar.

James Brown déclare aussi qu'il y avait des marchandises à bord en partant pour Copenhague; qu'elles ont toutes été déchargées à Madras.

Ces marchandises étaient donc propriété anglaise; elles ont servi comme les piastres à acheter à Madras ou à Trenquebar d'autres marchandises, et sans aucun doute pour le compte des Anglais. On ne peut conséquemment se défendre de considérer la cargaison du *Caninholm* comme une propriété vraiment ennemie, et sujette à confiscation, d'après l'art. VII du liv. III, tit. IX de l'ordonnance de la marine, de 1681, lequel porte en termes exprès : *Tous navires qui se trouveront chargés d'effets appartenant à nos ennemis, seront de bonne prise.*

D'après des faits si positifs et des lois si précises, il est inutile d'examiner les pièces de bord, puisque le navire et la cargaison étant démontrés ennemis, il serait superflu de discuter l'irrégularité de ces pièces de bord.

Par ces considérations, je conclus à la confiscation du navire et de la cargaison.

Délibéré le 29 Fructidor an huit. *Signé* PORTALIS.

Ouï le rapport du C.^{en} *Dufaut*, membre du Conseil ; tout vu et considéré ;

LE Conseil décide que la prise faite par le corsaire français *le Scipion français*, du navire, sous pavillon danois, *le Canin-holm*, est bonne et valable ; en conséquence, adjuge au profit des armateurs et équipage dudit corsaire, tant ledit navire, ses agrès, ustensiles, apparaux, circonstances et dépendances, que toutes les marchandises et effets composant sa cargaison, pour le tout être vendu aux formes et de la manière prescrites par les lois et règlemens sur le fait des prises, et le produit net remis auxdits armateurs et équipage, prélèvement fait des droits attribués, en faveur des invalides de la marine et des marins français prisonniers chez l'ennemi, par les lois des 9 messidor an 3 et 3 brumaire an 4, et par l'arrêté des Consuls du 7 fructidor an 8 ;

A quoi faire tous gardiens, séquestres et dépositaires seront contraints par toutes voies dues et raisonnables, même par corps ; quoi faisant, ils en seront bien et valablement quittes et déchargés.

Fait le 29 Fructidor, an huit de la République française, une et indivisible. Présens les C.^{ens} BERLIER, *président ;* NIOU, MOREAU, LACOSTE, MONTIGNY-MONPLAISIR, PARSEVAL-GRANDMAISON et DUFAUT, tous membres du Conseil des Prises, séant à Paris, maison de l'Oratoire.

AU NOM DE LA RÉPUBLIQUE FRANÇAISE, il est ordonné

à tous huissiers sur ce requis, de mettre la présente décision à exécution ; à tous commandans et officiers de la force publique, de prêter main-forte lorsqu'ils en seront légalement requis ; et aux commissaires du Gouvernement près les tribunaux, d'y tenir strictement la main.

En foi de quoi ladite décision a été signée par le président du Conseil et par le rapporteur.

Par le Conseil :

Le secrétaire général, signé CALMELET.

À PARIS, DE L'IMPRIMERIE DE LA RÉPUBLIQUE.
Vendémiaire an IX.